CONOCE LA CIENCIA ESPACIAL

COMETAS, ASTEROIDES Y METEORITOS

BERT WILBERFORCE
TRADUCIDO POR ALBERTO JIMÉNEZ

Gareth Stevens
PUBLISHING

EN CONTEXTO

Please visit our website, www.garethstevens.com. For a free color catalog of all our high-quality books, call toll free 1-800-542-2595 or fax 1-877-542-2596.

Library of Congress Cataloging-in-Publication Data
Names: Wilberforce, Bert, author.
Title: Cometas, asteroides y meteoritos/Bert Wilberforce.
Description: New York : Gareth Stevens Publishing, [2021] | Series: Conoce la ciencia espacial | Includes bibliographical references and index. |
  Contents: It came from outer space! -- Encountering comets --
  Introducing asteroids -- Meet the meteoroids -- Where they come from --
  Major meteor showers.
Identifiers: LCCN 2019042316 | ISBN 9781538260456 (library binding) | ISBN 9781538260432 (paperback) | ISBN 9781538260449 (6 pack) | ISBN 9781538260463 (ebook)
Subjects: LCSH: Comets--Juvenile literature. | Asteroids--Juvenile
  literature. | Meteoroids--Juvenile literature.
Classification: LCC QB721.5 .W55 2021 | DDC 523.5--dc23
LC record available at https://lccn.loc.gov/2019042316
First Edition

Published in 2021 by
Gareth Stevens Publishing
111 East 14th Street, Suite 349
New York, NY 10003

Copyright © 2021 Gareth Stevens Publishing

Translator: Alberto Jiménez
Editor, Spanish: Rossana Zúñiga
Designer: Sarah Liddell
Editor: Therese Shea

Photo credits: Cover, p. 1 (main) muratart/Shutterstock.com; background used throughout Zakharchuk/Shutterstock.com; p. 5 Pozdeyev Vitaly/Shutterstock.com; p. 7 paulista/Shutterstock.com; p. 9 Huntster/Wikimedia Commons; p. 11 Brandmeister~commoRnswiki/Wikimedia Commons; p. 13 Digital Vision./Photodisc/Getty Images; p. 15 (top) FriedrichKieferer/Wikimedia Commons; p. 15 (bottom) PlanetUser/Wikimedia Commons; p. 17 (top) Andamati/Shutterstock.com; p. 17 (bottom) Andrea Danti/Shutterstock.com; p. 19 DANIEL SLIM/Staff/AFP/Getty Images; p. 21 solarseven/Shutterstock.com; p. 23 Muskoka Stock Photos/Shutterstock.com; p. 25 hapelena/Shutterstock.com; p. 27 Vadim Sadovski/Shutterstock.com; p. 29 Coffeeandcrumbs/Wikimedia Commons.

All rights reserved. No part of this book may be reproduced in any form without permission in writing from the publisher, except by a reviewer.

Printed in the United States of America

Some of the images in this book illustrate individuals who are models. The depictions do not imply actual situations or events.

CPSIA compliance information: Batch #CS20GS: For further information contact Gareth Stevens, New York, New York at 1-800-542-2595.

CONTENIDO

¡Llegaron del espacio!   4

Los cometas   8

Los asteroides   14

Conoce los meteoroides   20

De dónde vienen   26

Lluvias de meteoros importantes   30

Glosario   31

Para más información   32

Índice   32

Las palabras del glosario se muestran en **negrita** la primera vez que aparecen en el texto.

¡LLEGARON DEL ESPACIO!

¿Alguna vez has estado lejos de las luces de tu pueblo o tu ciudad por la noche? En tal caso, si miras hacia el cielo, verías muchas estrellas. Incluso, tal vez puedas ver una "estrella fugaz"; pero ¡eso no es una estrella!, sino otro increíble cuerpo celeste.

SI QUIERES SABER MÁS

Las llamadas "estrellas fugaces" no son estrellas, sino meteoros.

Además del Sol, de la Luna y de las muchas estrellas que podemos ver, el espacio contiene otros cuerpos celestes, como los cometas, los asteroides y los meteoroides. ¡Sigue leyendo para saber más acerca de estos fabulosos objetos espaciales!

SI QUIERES SABER MÁS

Si un meteoroide atraviesa la **atmósfera**, se convertirá en un meteoro o "estrella fugaz".

LOS COMETAS

Los cometas son cuerpos celestes compuestos por hielo, gases, polvo y rocas. Como la Tierra, orbitan el Sol (giran a su alrededor). Nuestro **sistema solar** contiene **miles de millones** de cometas, pero muy pocos se aproximan al planeta Tierra.

SI QUIERES SABER MÁS

La parte dura de un cometa se llama núcleo ¡y a veces mide varias millas de diámetro!

Cuando un cometa se acerca al Sol, se calienta y desprende gas y polvo creando una nube llamada *coma* o *cabellera* alrededor de su núcleo. Al acercarse aún más, la **energía** solar hace que esa cabellera parezca una cola.

SI QUIERES SABER MÁS
Las colas de los cometas pueden tener **millones** de millas de largo.

Los cometas realizan órbitas en forma de óvalo. Algunos tardan miles de años en orbitar el Sol una vez. Cuando la órbita de la Tierra pasa cerca de la órbita de un cometa, es posible que lo veamos pasar. Partículas de su polvo pueden entrar en la atmósfera terrestre.

SI QUIERES SABER MÁS

El cometa más famoso, el Halley,
se ve desde la Tierra cada 75 o 76 años.

LOS ASTEROIDES

Los asteroides son grandes cuerpos celestes, compuestos sobre todo por roca y **metal**, que orbitan el Sol. A veces se les llama *planetas* **menores** o *planetoides*. Aunque son mucho más pequeños que los planetas, algunos llegan a medir cientos de millas de diámetro.

SI QUIERES SABER MÁS

Ciertos asteroides presentan formas extrañas; la mayoría no tiene forma redonda.

15

El **astrónomo** italiano Giuseppe Piazzi descubrió el primer asteroide, en 1801. Hasta hoy, se han contado más de 797,000 asteroides, y es probable que nuestro sistema solar contenga millones. La mayoría se encuentra orbitando el Sol, entre Marte y Júpiter, en el denominado "cinturón de asteroides".

El primer asteroide visto desde la Tierra se llama Ceres. ¡Es tan grande que ahora se le denomina **planeta enano**!

CERES

CINTURÓN DE ASTEROIDES

Los asteroides que se acercan a nuestro planeta, en algún momento de su órbita, se llaman "asteroides próximos a la Tierra". Algunos también han golpeado nuestro planeta, a veces creando hoyos llamados *cráteres*. Algunos científicos creen que la **extinción** de los dinosaurios se debió al choque de un asteroide.

SI QUIERES SABER MÁS

Los científicos observan con atención las órbitas de los grandes asteroides para saber que no corremos peligro.

CONOCE LOS METEOROIDES

Los fragmentos de cometas o asteroides que atraviesan la atmósfera terrestre se llaman *meteoroides*. En la atmósfera sufren un gran aumento de **presión** y temperatura, y caen como una bola brillante y veloz, razón por la cual se denominan "estrellas fugaces". Casi siempre se desintegran antes de llegar al suelo.

SI QUIERES SABER MÁS

Un meteoroide puede viajar a unas 45 millas (72 km) por segundo, cuando atraviesa la atmósfera terrestre.

La línea de luz que un meteoroide muestra, mientras se quema a través de la atmósfera terrestre, se llama *meteoro*. Cuando caen miles de ellas, se denomina "lluvia de estrellas", aunque debería llamarse "lluvia de meteoros". Si el meteoroide impacta la superficie terrestre, se llama *meteorito*.

SI QUIERES SABER MÁS

Algunas lluvias de meteoros son anuales, quizá debido a los cometas que dejan polvo y fragmentos de roca a su paso.

Con los meteoritos tienes una oportunidad de tocar un fragmento de cometa o de asteroide, pero no son fáciles de encontrar. Aunque no se desintegren en su camino hacia el suelo, lo más probable es que no se puedan distinguir de una piedra normal y corriente.

SI QUIERES SABER MÁS

El calor intenso por el que pasa un meteoroide, cuando atraviesa la atmósfera de la Tierra, puede originar un meteorito brillante.

DE DÓNDE VIENEN

Se cree que los asteroides y los cometas provienen de los restos de los inicios del sistema solar. ¡Los cometas proceden de las partes externas de nuestro sistema planetario! Investigar los asteroides y los cometas nos ayuda a comprender mejor los **orígenes** de la Tierra y del espacio.

SI QUIERES SABER MÁS

En un futuro cercano, los científicos podrán extraer metales de los asteroides.

Los científicos encontraron un meteorito en la Antártida, en 1984. ¡Vino de Marte hace unos 13,000 años! Podría haber sido lanzado desde Marte, a consecuencia del choque de otro meteorito contra el planeta rojo. Cuantos más científicos estudien las rocas espaciales, ¡más descubrimientos fantásticos harán!

SI QUIERES SABER MÁS

El meteorito antártico, llamado ALH 84001, nos da información sobre cómo era Marte hace miles de millones de años.

LLUVIAS DE METEOROS IMPORTANTES

NOMBRE	CUÁNDO OBSERVAR	CAUSA
Cuadrántidas	del 28 de diciembre al 12 de enero	asteroide
Líridas	del 21 de abril al 22 de abril	cometa
Perseidas	del 14 de julio al 24 de agosto	cometa
Oriónidas	del 2 de octubre al 7 de noviembre	cometa
Leónidas	del 6 de noviembre al 30 de noviembre	cometa
Gemínidas	del 4 de diciembre al 17 de diciembre	asteroide

GLOSARIO

astrónomo: persona que estudia las estrellas, planetas y otros cuerpos celestes.

atmósfera: mezcla de gases que rodea un planeta.

energía: fuente de poder.

extinción: muerte de todos los miembros de una especie de ser vivo.

menor: pequeño en número, cantidad o tamaño.

metal: elemento duro y brillante que se encuentra en el suelo, como el hierro o el cobre.

mil millones: 1,000 millones; 1,000,000,000.

millón: mil millares; 1,000,000.

origen: principio, nacimiento, causa de algo.

planeta enano: cuerpo distinto de una luna que orbita el Sol; es más pequeño que Mercurio y dispone de suficiente gravedad para ser redondo.

presión: fuerza que empuja sobre otra cosa.

sistema solar: el Sol y todos los cuerpos celestes que lo orbitan, incluyendo los planetas y sus lunas.

PARA MÁS INFORMACIÓN

LIBROS

Dickmann, Nancy. *Chasing Comets, Asteroids, and Mysterious Space Objects*. New York, NY: Crabtree Publishing, 2019.

Rathburn, Betsy. *Comets*. Minneapolis, MN: Bellwether Media, 2019.

SITIOS DE INTERNET

What Is an Asteroid?
spaceplace.nasa.gov/asteroid/en/
Encuentra enlaces para aprender más sobre cuerpos celestes.

Meteoroid Facts for Kids
www.sciencekids.co.nz/sciencefacts/space/meteoroids.html
Lee muchos hechos curiosos sobre los meteoroides.

Nota del editor para educadores y padres: nuestro personal especializado ha revisado cuidadosamente estos sitios de Internet para asegurarse de que son apropiados para los estudiantes. Muchos sitios de Internet cambian con frecuencia, por lo que no podemos garantizar que posteriores contenidos que se suban a esas páginas cumplan con nuestros estándares de calidad y valor educativo. Tengan presente que se debe supervisar cuidadosamente a los estudiantes siempre que tengan acceso al Internet.

ÍNDICE

Ceres, 17
cinturón de asteroides, 16, 17
cola, 10, 11
cometa Halley, 13
dinosaurios, 18
formas, 12, 15
lluvia de meteoros ("lluvia de estrellas"), 22, 23, 30
Marte, 16, 28, 29
meteoritos, 22, 24, 25, 28, 29
núcleo, 9, 10
órbita, 8, 12, 14, 16, 18, 19
Piazzi, Giuseppe, 16
sistema solar, 8, 16, 26, 31
Sol, 6, 8, 10, 12, 14, 16
Tierra, 8, 12, 13, 17, 18, 20, 21, 22, 25, 26